RÉFLEXIONS

SUR LES

DÉPENSES FAITES PAR LA VILLE DE BOULOGNE,

A L'OCCASION DU PASSAGE DE S. A. R. MADAME, DUCHESSE DE
BERRY, EN 1826,

PAR LÉON DE CHANLAIRE.

« Fais ce que dois, advienne que pourra. »

PEUT-ÊTRE me serais-je absténu de faire aujourd'hui un examén
public des énormes dépenses dont l'administration locale a écrâsé
la ville de Boulogne en l'an de grâce **1826**, à l'occasion d'une
princesse de France, si le bruit de son prochain retour dans cette

ville, n'y était généralement répandu avec un caractère presque officiel.

Je crois alors devoir, dans l'intérêt de la ville entière, dans l'intérêt de mes compatriotes, dérouler à l'avance, aux yeux étonnés de la princesse, le tableau désolant des prodigalités dont une administration imprudente a marqué son passage, et dont les suites ne peuvent éviter de laisser dans nos affaires publiques des embarras, qui ne sauraient se surmonter que par des charges nouvelles, où le sacrifice ou l'ajournement de nombre d'objets d'utilité publique.

Il est si doux pour les princes de la terre de ne s'environner partout que de peuples heureux, il est si attrayant pour eux de ne parcourir leurs états que pour y sécher des larmes et y répandre le bonheur, qu'il est en général absurde, à moins de preuves contraires, de supposer que cette noble ambition n'aiguillone pas puissamment les cœurs de tous les princes du monde.

La preuve de l'intention où était la princesse de ne point fouler la ville de Boulogne par des dépenses onéreuses, et, en même temps, qu'elle croyait à la possibilité qu'il existât aujourd'hui en France des magistrats assez courtisans, et assez peu portés pour les intérêts publics, dont ils doivent être la sauve-garde, pour les sacrifier au génie adulateur du siècle ; c'est qu'avant de paraître à Boulogne, elle a jugé devoir y faire écrire qu'elle ne voulait point occasionner de dépenses à la ville.

Une invitation de cette nature, de la part d'une princesse du sang regnant, est toujours un ordre bien impératif; et sans doute la princesse, en faisant intimer cet ordre par sa dame d'honneur, sous la forme délicate d'une invitation, s'est montrée pénétrée des principes sublimes que le cygne de Cambray a développé avec tant d'éloquence pour les princes et les rois.

Nous allons voir comment cet ordre a été exécuté par le pouvoir qui préside à nos destinées locales!

Le séjour de la princesse, pendant soixante et quelques heures à Boulogne, a coûté à cette petite ville *soixante et quelques mille francs!*

Mille francs par heure environ!!! découlaient instantanément de la poche des contribuables, et s'évanouissaient, à leurs yeux, en vaine et brillante fumée d'encens.

Il est toujours bon pour les peuples, que les princes connaissent la manière dont leurs ordres sont exécutés ou méconnus, par les instrumens de leur pouvoir.

Au moment où ces réflexions deviennent publiques, la princesse les a déjà méditées.

Ennemis acharnés de la liberté de la presse, parce qu'elle seule dévoile les nombreux abus que vous faites des petites parcelles de pouvoir que vous envahissez chaque jour, au profit de cette faction ultramontaine, signalée à la haute chambre et réprouvée avec tant de dignité par elle, sans doute vous jetterez les cris d'une rage furibonde à l'aspect de ces tristes et sévères réflexions. Suivant votre usage vous crierez à l'horreur, au libelle, etc., parce qu'il est bien plus facile d'étouffer des vérités accusatrices avec de telles clameurs, que d'y répondre par des argumens. Déjà je vous vois donnant, dans l'ombre qui seule protège encore votre existence au milieu de la réprobation universelle, vos mots d'ordre à ces sicaires, que vous ne rougissez pas de descendre ramasser jusque dans la tourbe la plus honteuse de nos jours d'opprobre et de sang, à ces sicaires qui étaient alors les plus acharnés contre vous, et qui demain, n'en doutez pas, si le honteux salaire dont vous les nourissez cessait un moment de couler de vos mains perfides, redeviendraient bientôt vos plus cruels ennemis, si tant est qu'ils aient jamais cessé de l'être, parce que vous leur prodiguez aujourd'hui l'or et l'impunité.

Hé bien ! ce n'est cependant qu'au rejet, ou si vous l'aimez mieux au retrait (car je m'attaque bien plus aux choses qu'aux mots) de cette loi barbare de justice et d'amour, monument éternel de l'audacieuse imprudence qu'ont puisé à la coupe enchanteresse du pouvoir trois grands du jour, que Boulogne devra sans doute de ne plus voir se renouveller, dans le passage des princes, des prodigalités qui la ruinent, et ne sauraient ainsi être agréables qu'à des tyrans.

C'est à cette liberté de la presse, en face de laquelle vous ne pouvez vivre, parce que la vérité vous démasque et vous confond chaque jour par elle, que Madame la duchesse de BERRY devra de connaître de quelle manière déplorable ses ordres les plus positifs ont été méconnus à Boulogne.

Son cœur gémira en pensant que là où elle s'était flattée sans doute de ne laisser que des heureux, elle a pu ne laisser qu'une population tristement occupée à calculer, par les heures de son séjour, le nombre de mille francs qu'il lui faudra payer en sus de ses charges déjà existantes.

Par le tems qui court il faut, je le sais, plus que du courage, il faut un entier dévouement pour proclamer hautement d'aussi graves vérités ; et c'est bien ici sans doute qu'il faut avoir trois fois raison, pour n'avoir pas mille fois tort.

Dans une ville de vingt mille habitans à peu près, j'ai ces vingt mille habitans pour temoins des faits que j'avance.

J'ai pour moi le budjet et toutes les pièces comptables de cette déplorable affaire, et jusqu'au Ministre même de l'intérieur, qui, désapprouvant d'aussi folles dépenses, en rejetta sévèrement les deux tiers, ou les trois quarts.

Qu'on les produise tous avec moi, si l'on veut, devant le tribunal, où de petites vanités blessées, brûlent sans doute en secret déjà de me voir appelé. Qu'on interroge en ma présence cette nombreuse population ; qu'on lui demande, si elle ne se pressait pas presqu'entière, le jour de l'arrivée de la princesse. vers les avenues de l'hôtel qui lui était préparé, et si cette foule empressée ne s'est pas progressivement éclaircie les jours suivans, à l'aspect de tant de dépenses, dans une proportion telle que, lors du départ de la princesse, on comptait à peine devant son hôtel deux cents personnes, bien que l'heure en ait été généralement connue à l'avance.

Quoi donc pouvait occasionner cette décroissance rapide du premier empressement si généralement manifesté, si ce n'est la perspective de la chèreté *de la carte à payer* après la fête ?.

Madame la duchesse de BERRY a trop de pénétration pour n'avoir pas dû remarquer la décroissance progressive de la foule qui l'entourait à son arrivée, bien que les Sœurs Grises, et les Frères Ignorantins avec tous leurs élèves, se soient glissés dans les vuides dès le second jour, comme s'ils avaient eu pour but de rendre moins apparente la diminution réelle de la foule.

Si elle a pu remarquer cette diminution dans l'empressement primitif, elle a pu aussi en ignorer la cause, parce que, de tous temps, ce ne furent jamais les flatteurs qui entourent les princes, qui firent briller à leurs yeux le flambeau de la vérité.

Personne ne lui a dit, sans doute, que l'aspect des dépenses énormes qu'occasionnait sa présence, malgré ses ordres les plus formels, et dont le total inapprécié par les contribuables, grossissait encore devant leur imagination attristée, pouvait bien ralentir l'empressement d'une population, dans un siècle dont le célèbre VILLELLE a eu l'adresse ou le malheur de parvenir à faire,

Le siècle de l'argent avant tout!

En dévoilant à la princesse et au public ces prodigalités inouies, je pense m'être rendu de quelque utilité à la ville de Boulogne, puisque ces prodigalités une fois connues, il n'y a aucun doute qu'on n'en souffre plus le scandaleux renouvellement, dans d'autres voyages.

Quand on a entendu l'autorité émettre le vœu de voir venir, chaque année, la princesse prendre ses bains à Boulogne, toute personne sage n'a-t-elle pas du ajouter, dans son intérieur, à la harangue du magistrat, ces mots: *Pourvu qu'il ne nous en coûte pas si cher.*

J'ai pu me dire à l'aspect de ces dépenses, et mille autres ont pu se dire comme moi: *Nous payerons bien chèrement tout cela ; et cependant tout cela, c'est malgré les ordres de la princesse qu'on l'a fait!*

Je me suis rappellé cette sage morale d'un homme qui fut cependant courtisan :

Ne jouons point avec les grands,
Les plus doux ont toujours des griffes à la pate. »

Cette pensée, réputée peut-être séditieuse par certaines gens, si elle sortait aujourd'hui d'un cerveau libéral, est de Florian, page et courtisan du duc de Penthièvre et honoré de la protection de la reine Marie-Antoinette, qui ne l'en aimèrent pas moins.

Il est inutile d'entrer dans le détail de la prodigalité et du peu d'ordre à la fois, qui regnèrent dans ce bal cohue qui fut offert à la princesse, et où tant de schals et de chapeaux ont changé de maitres, tant les détails étaient mal dirigés ; de ce bal, où un mélange de conditions sur lequel je ne m'explique pas ici, mais bien disparate au milieu des folles prétentions qui redominent aujourd'hui avec fureur, après un sommeil de trente ans, qu'on avait cru devoir être celui de la mort, et qui fit dire, dans son patois, à une bonne femme qui regardait la sortie, et dont je suis loin au surplus de partager l'opinion dans toute sa crudité d'expression :

« *Il y avoi del noblesse, del roture et del crapure.* »

De ce bal, où il fut fait finement justice, par la princesse elle-même, de prétentions ridicules, dont le souvenir sans doute fut porté jusqu'à Paris par sa suite, puisque ce fut dans la capitale même que des personnes, parfaitement au courant des petites anecdotes de cour et de salon, me demandèrent comment se portait dans le Pas-de-Calais le *simple particulier.*

De ce bal enfin, pour lequel des fonctionnaires, péniblement affligés de la lourde et pesante cinquantaine, reprirent, dit-on, *des maitres à danser ! ! !* ...

Parlerai-je de cette légion de carrosses de louage, dits vulgairement *sapins*, payés par la ville pour charroyer, du matin jusqu'au soir, depuis le fonctionnaire jusqu'aux valets; et de cette multitude de dépenses d'intérieur, dont l'essence et la pensée seule, sont bien moins, selon moi, de la dignité d'une administration publique que du ressort de la domesticité des valets.

Mon intention n'est pas de discuter, article par article, toutes ces dépenses, il faudrait, pour le faire avec succès, scruter une foule de pièces, qu'on ne sera probablement pas empressé de mettre au jour.

C'est la masse des dépenses que j'attaque, et contre laquelle je me récrie.

J'ai pour moi ici le désaveu de la princesse qui les défendit à l'avance, le mécontentement du ministre qui en a rejetté la plus grande partie, et celui de la population qui paye aujourd'hui, soit en beurre, soit en fromage, toutes ces prodigalités.

Il est inutile aussi de parler de ce repas qui fut offert par la ville à la princesse, et de demander si aucun des convives, à qui il était fait l'honneur d'y être admis, ne fit la gaucherie d'y arriver trop tard.

Ce qu'il faudrait plutôt demander, c'est ce qu'il nous coûte!

Je ne parlerai pas non plus des prétentions multipliées à commander supérieurement la Garde d'honnenr à cheval, ni des scènes vraiment déplorables auxquelles donnèrent lieu, *sous les croisées même de la princesse*, et au milieu de tout le public, de petites prétentions aux prises; mais je ne dois pas dissimuler que puisque la ténacité de ces prétentions était connue de l'autorité, l'autorité devait à l'avance y mettre un frein, et les régler de manière à ne pas laisser arriver, *sous les croisées même de la princesse*, et pour ainsi dire sous ses yeux; des discussions aussi pitoyables.

De tous tems, combien de petits hommes ont encore trouvé le secret facile de se rapetisser en voulant se grandir.

Revenons aux dépenses dont je me suis écarté.

La France, sous ses premiers rois, a eu ses tems de barbarie, pendant lesquels ils ne parcouraient leurs états que suivis de nuées de gens d'armes et de valets, nourris, abreuvés, chauffés, payés, logés, divertis, etc., par les pays que les rois visitaient; et dans ces tems déplorables, l'histoire nous apprend qu'on redoutait autant le passage d'un prince ou d'un roi, que celui de la foudre, de la grêle ou de la peste.

En faisant aujourd'hui des dépenses aussi fortes et aussi en désaccord avec les moyens de la ville, voudrait-on nous faire rappeler les mêmes temps; et nous faire faire les mêmes réflexions ? Je ne le pense pas, mais enfin la marche suivie n'y tend-elle pas incontestablement ?

On dira peut-être que personne ne se plaint.

Avez-vous donc oublié que le silence des peuples est la plus terrible leçon des rois; et qu'il peut bien aussi être parfois la leçon de magistrats de province sans compromettre leur dignité.

Je ne saurais le répéter et assez haut et assez souvent : Quand la princesse avait défendu toute dépense, on a dépensé pendant plus de *soixante heures, mille francs par heure*; et ces énormes dépenses, qui donc a osé les prendre sous son bonnet. Certes le ministre ne les avait pas autorisé, puisqu'il en a rejetté les trois quarts avec mécontentement. On n'a pas balancé à en accepter la terrible responsabilité; et nous, municipaux d'une commune voisine de Boulogne, qui avons voté, depuis près d'un an, un millier de francs pour réparer le presbytère, nous ne pouvons mettre la main à l'œuvre.

Nous sommes forcés de voir s'accroître le dépérissement de ce presbytère, et de pourvoir ailleurs au logement de notre curé, parce que le ministre n'a pas renvoyé encore l'autorisation de commencer la dépense votée.

Quelle étrange anomalie administrative, et qu'elle paraît bien plus étrange encore, quand on pense que les deux communes dont on fait ici le parallèle, sont cependant de la même sous-préfecture.

« On dira sans doute qu'il est de l'honneur d'une ville de se montrer quand des princes l'honorent de leur présence. Mais il y a plusieurs manières de se montrer; et est-on donc bien sûr d'avoir ici pris la meilleure, et surtout la plus agréable à la princesse, qui avait positivement défendu toute dépense?

Quelques jours après avoir quitté Boulogne, la princesse fût à Saint-Omer, où elle passa à peu près le même nombre d'heures. Dès que le conseil municipal y fut informé de son arrivée, il vota *dix mille francs pour sa réception*, et certes elle a été aussi satisfaite des Saint-Omerois que des Boulonnois.

A Boulogne aucune somme ne fut votée à l'avance, bien que le conseil municipal ait été plusieurs fois réuni.

Trente têtes composent ce conseil; et de ces trente têtes, par quelle fatalité déplorable n'est-il pas sorti un avis énergique et utile : surtout un avis à tems?

J'ai entendu des membres isolés du conseil se récrier après sur l'énormité de ces dépenses, et je leur ai dit :

« Vous êtes restés muets quand il fallait parler, aujourd'hui
» qu'il ne vous reste, comme à nous tous, que de payer; avez-vous
» donc conservé comme nous le droit de gémir et de vous plain-
» dre? Subissez du moins votre ouvrage en silence.

» Mais si vous vouliez absolument, leur ai-je dit, que le pas-
» sage de la princesse à Boulogne fut marqué par une dépense de

» *soixante mille francs*, il ne fallait pas faire évaporer cette somme
» en une vaine fumée. Il fallait donner à cette dépense un but d'u-
» tilité ou de bienfaisance, qui eut plu sans doute bien davantage
» à la princesse, et vous étiez riches en occasions.

» Vous avez voulu la recevoir, et vous n'avez pas su la com-
» prendre.

» Vous avez, par exemple, un mont de piété sans capitaux. La
» ville est obligée de prendre soixante mille francs sur la place,
» et d'en payer les intérêts, que le pauvre que la misère y conduit
» rembourse à plus du double, à cause des frais de gestion de
» toute espèce ; et c'est justement les *soixante mille francs* qui
» manquent à ce mont de piété pour le doter, que vous avez ab-
» sorbé en quelques heures !! . . .

» Pouviez-vous faire un acte plus agréable à la princesse, que de
» doter, en l'honneur de son passage, votre mont de piété. Les
» secours passagers que le pauvre n'y trouve aujourd'hui qu'à 12
» ou 15 pour cent, il les y eut trouvé dès-lors à 6. . . . Confon-
» dant ainsi dans sa mémoire, et le passage de la princesse et
» l'époque d'un aussi grand bienfait, il eut à jamais béni et son
» passage et votre ouvrage. La princesse sans doute eut préféré
» à toute autre cette manière de lui faire la cour, et le contribuable
» appellé aujourd'hui, directement ou indirectement, à payer vos
» prodigalités, n'eut point sans doute autant regretté cette dé-
» pense. »

» La piété qui condamne et repousse l'usure, n'eut plus été
» étonnée de voir son nom décorer un établissement, qui, dans
» son état actuel, n'est pour les pauvres qu'un appât funeste.

» En dotant ainsi votre mont de piété, vous affranchissiez à
» jamais le pauvre du remboursement des intérêts dont vous faites
» l'avance. Il n'avait plus à payer que les frais d'administration;
» et ces frais d'administration, pour peu qu'ils soient, comme je
» le pense, susceptibles de tant soit peu d'économie, se seraient
» peut-être réduits dans l'avenir à trois pour cent. Quelle belle
» manière de mettre en vogue le trois pour cent ! ! ! Villèle et
» tout son talent eut baissé pavillon devant vous : Vous surpassiez
» votre illustre ministre.

» Vous n'avez pas su concevoir cette grande et simple idée.

» Dépositaires du pouvoir, vous avez paru ignorer comment on
» popularise des princes. Bien au contraire ; encore quelques équi-
» pées administratives de ce genre, et c'est à leur dépopularisation
» que vous travailleriez. »

A cela on m'a répondu que ce serait un mauvais service à rendre à la classe pauvre, que de lui procurer l'occasion d'emprun-
ter à trop bon compte, parce qu'alors elle emprunterait trop faci-
lement. Il serait trop facile de réfuter ce raisonnement bizarre ; je
n'en prendrai pas la peine ici. Mais je demanderai si c'est rendre
un meilleur service aux pauvres, de leur faire payer 12 ou 15 pour

cent des besoins passagers ; et si la justice ne s'indigne pas de voir le mot *piété* consacré ou plutôt prostitué ainsi.

Sans doute la princesse, dont les journaux publient chaque jour de nombreux bienfaits, aurait été plus flattée d'apprendre que vous avez rémédié pour elle à une grande plaie, pour les pauvres de la ville qu'elle visitait : que c'est en son honneur que vous l'avez fait, et que c'est à elle que toute la population pauvre en doit reconnaissance; qu'elle ne le serait d'apprendre qu'on a fait venir à grands frais de Paris un chanteur et une chanteuse, pour lui chanter quelques couplets , comme si les chants les plus agréables pour elle, ne devaient pas être les concerts de bénédiction des pauvres.

Pour recevoir dans sa ville Louis XIV , il ne dépensa pas mille francs par heures à ses compatriotes , ce bon maire de Reims, qui présentant les clefs de sa ville au grand roi, y ajouta des rousselets et du vin, et lui dit :

« Sire, nous vous apportons nos rousselets, nos vins et nos » cœurs : c'est ce que nous avons de meilleur. » Le grand roi fut content. Que nos magistrats se persuadent que plus d'un roi de l'Europe entendrait encore avec plaisir une semblable harangue.

Je n'ai pas entendu la harangue faite, sans doute, par M. le maire de Boulogne à l'arrivée de la princesse. Il se peut qu'elle soit un rare et beau morceau d'éloquence ; mais dans tout état de cause, je doute qu'elle ait fait plus de plaisir à la princesse , qu'en fit autrefois à Louis XIV la harangue célèbre du bon maire de Reims.

Quand on fait connaître la vérité aux princes, il faut la leur faire connaître toute entière.

Examinons donc encore dans quelle circonstance nos magistrats ont dépensé mille francs par heures , pendant plus de soixante heures , sans autorisation du ministre, et quand la princesse avait défendu toute dépense.

Hé bien , c'est quand la ville de Boulogne était déjà grevée d'emprunts majeurs pour des constructions : c'est quand elle avait voté, pendant plusieurs années , une somme considérable pour concourir à de grands travaux : c'est enfin, quand malgré des recettes énormes, elle a encore plusieurs rues excessivement mal pavées, et d'autres qui ne le sont pas même du tout.

Quand des percemens de rues utiles à la circulation sont sollicités chaque année , et chaque année ajournés faute de fonds.

Fasse qui voudra l'apothéose parasite de nos magistrats relativement aux dépenses faites pour la réception de la princesse ; moi, je ne trahirai pas, à ce point, et ma conscience et l'intérêt de mes concitoyens , et je blâme l'énormité de ces dépenses , de toute la force de mon âme.

J'ignore comment ont fait nos messieurs pour combler la somme énorme que le ministre a rejeté à cette occasion; mais je sais, et tout Boulogne sait avec moi, que puisque cet argent a été dépensé, il faut qu'il soit payé et qu'il ne saurait l'être que de deux manières;

Ou par l'ajournement d'autres dépenses reconnues nécessaires puisqu'on les a voté,

Ou par des charges nouvelles.

Je ne sais auquel des deux partis on s'est arrêté, mais je sais que quelques mois après cette dépense, l'octroi déjà si énorme et si productif, l'octroi tel déjà qu'aucune autre ville de même population n'en saurait avoir un aussi productif, a été encore augmenté d'une manière exhorbitante, et dans le prix tariffé déjà pour nombre d'objets et dans le tariffage d'objets jusqu'alors non soumis à l'octroi.

Les oreilles y payent maintenant leur entrée en ville; mais que maints agrégés des bonnes lettres se rassurent, ce ne sont que les oreilles de morue.

Dans un moment où l'on parle du retour de la princesse et de son retour pour un temps plus long, et où l'on parle aussi avec assurance d'un voyage que le roi ferait très-prochainement à Boulogne pour y effectuer, à l'exemple de Louis XI, l'hommage de sa couronne à la Vierge de Boulogne, c'est l'instant de faire de graves et utiles réflexions sur ce qui s'est passé l'été dernier; et quand en publiant celles-ci, je n'aurais d'autre résultat que d'en éviter le renouvellement à mes concitoyens, je croirais toujours qu'elles auraient eu pour eux un but utile, et je me dirais avec confiance :

« J'ai fait mon devoir, advienne que pourra. »

Terminons ces tristes réflexions sur de bien déplorables prodigalités, où sont allés s'engouffrer en quelques heures plus de soixante mille francs. Par le récit épisodique d'un petit événement qui bien qu'il n'ait par lui, coûté mille francs par heures, me paraît caractériser parfaitement l'époque administrative sous laquelle est placée la France.

Peu après le départ de la princesse, il arriva des brevets d'épicier, de sellier, de bijoutier, de coiffeur, etc., de cette princesse à des marchands qui avaient eu l'occasion de vendre quelque chose pour sa consommation pendant son passage.

Les uns ont dit que ces brevets avaient été sollicités par les titulaires; d'autres ont dit qu'ils avaient été délivrés sans être sollicités, c'est ce que je ne puis vérifier et ce qui, au reste, importe peu ici.

Plusieurs des titulaires ont fait placer sur le fronton de leur boutique d'énormes sculptures en bois doré aux armes de la princesse, et le Moniteur universel de Boulogne a soigneusement enterriné ces brevets. Pour éviter toute méprise dans une rue qui contenait plusieurs marchands brevetés, un marchand de draps, tailleur de son état, fit écrire sur sa porte, *Mulier, tailleur non breveté.* Certes, cette inscription ne contenait que la vérité, et n'avait rien qui pût porter atteinte à la tranquillité et aux bonnes mœurs.

Le sieur Mulier ne vit pas figurer longtems sur son étalage sa véridique et conscientieuse inscription.

M. le maire apprend bientôt qu'un tailleur qui n'est pas breveté a écrit sur son étalage : *tailleur non breveté.*

Dans un tems où tant de vérités aigrissent chaque jour si douloureusement le timpan chatouilleux de tant de fonctionnaires, on croira difficilement qu'une vérité aussi simple, aussi ingénue que celle-ci, pût appeler la sollicitude des magistrats.

Descentes, par duplicata, de police chez le sieur Mulier. Il est mandé à l'hôtel de la mairie. Là il est interrogé ; il a beau protester qu'il n'a eu aucune autre intention, que celle de ne se donner que pour ce qu'il était réellement, c'est-à-dire pour un modeste tailleur *qui n'était breveté de personne*, et qu'il n'était jamais venu à sa pensée de tourner en ridicule ceux qui étaient brevetés.

La suppression de la véridique inscription est prescrite, et l'autorité employa son autorité à cet acte d'autorité.

Qu'on dise ensuite que l'autorité est inactive ; et qu'on prête au maire de Boulogne autant de goût pour la jouissance du repos que les journaux non ministériels en prêtent à son chef le ministre de l'intérieur CORBIÈRE !

Boulogne, 30 juin 1827.

LÉON DE CHANLAIRE.

PARIS. — IMPRIMERIE DE GŒTSCHY, RUE LOUIS-LE-GRAND, N° 27.